INSIGHT

Ana Sala Galindo

COLECCIÓN ITES

INSIGHT

© Ana Sala Galindo
© Prólogo: Cleofé Campuzano Marco
© de esta edición: Olé Libros, 2025

ISBN: 979-13-87951-29-0
Depósito legal: V-5098-2025
Impreso en España

KALOSINI, S. L.
Grupo editorial **olé**libros
equipo@olelibros.com
www.olelibros.com

Als meus fills, Oriol i Ariadna
A Mª Carmen, la meua germana

Ella habla,
las ciudades se derrumban,
caen en montículos de ruinas.

ENHEDUANNA

NARRARNOS HACIA ADENTRO: UNA APROXIMACIÓN A LA POESÍA DE ANA SALA GALINDO

Pero igual que sin amor, es imposible quedarse sin adentros.
El deseo por la presencia o por la carta
es el mismo deseo interno del cuerpo.
Siempre por hacerse, siempre por venir, siempre por desbordarse.

LAIA ARGÜELLES

Mantener viva la consciencia de quienes somos puede convertirse en una acción infinita. Este libro nace de una emergencia, la de mirarse hacia adentro, la de los silencios sin voz que necesitan narrarse con la crudeza de lo verdadero. Sus versos nos ofrecen un *insight* compartido, donde lo confesional y lo simbólico encuentran un cauce natural para significarse.

En la línea de la poesía de Pizarnik, Plath y Sexton, los poemas magnifican el agua interior, atienden la valentía de mirarse en la herida y quitar el revestimiento adrede. La propia exposición es el yo poético, que acompaña todas las facetas que nos constituyen y todas las identidades que nos habitan en los procesos de indagación, avance y retorno. Aquí, la poesía de Ana Sala Galindo marca un territorio fértil por el que transitar. Sus anhelos, sus heridas, su aullido son las piedras que delimitan el tránsito.

Las metáforas visuales se transforman en aquel lugar deseado de verdad y de celebración de un mundo sensible que

9

quiere manifestarse. Los seres humanos hemos perdido nuestra capacidad de narrarnos (López Mondéjar, 2024), de abrazar la materia sensible, expresar nuestra intrahistoria, sobre qué nos ha hecho ser cómo somos: «A falta de intelectualidad y florituras / aparecen sin clasismo y clasicismo / unas pocas metáforas y símbolos / que componen un relato simple pero profundo» (*Meprologo*); «Han convergido tristeza, rabia y esperanza / para narrar este lado de las vivencias» (*Mepilogo*).

La poeta nos revela la naturaleza de un rito epistolar que queda muy presente. Por qué estamos aquí, ahora, con las decisiones tomadas y con lo que nos ha venido dado o impuesto; muchos de los versos de este libro ahondan en la tensión entre ambas dimensiones. La metáfora se torna una búsqueda no fallida y necesita de otra persona para definirse.

Nos encontramos con una voz que tiene una urgencia por decir y lo hace sin miedos, con convicción. Sorprende esa visión de amplio espectro que, sin temor, nombra las cosas con toda su densidad y cadencia. Tenemos tendencia a pensar que no existe un punto de conciliación con lo que nos pasa, limitados habitualmente desde el parapeto de la experiencia propia, pero las palabras pueden ofrecernos ese lugar sublimado; la poeta dice: «Todo esto estaba pasando / mientras yacíamos ajenas a aquello tan evidente». En este sentido, cada poema es una introspección fragmentada que necesita la palabra subjetiva para salir al mundo. Una voz honesta interpela porque ese «yo» que manifiesta huye de su mismidad para convertirse en un «tú». Las poéticas del yo profundizan en la humanidad desde la experiencia propia para encontrar su sentido en la otredad y aquí lo vemos de forma vehemente. Lo que el abismo expresa sobre lo que no queríamos mirar nos vertebra: «La mirada está ligada adentro, / afuera no hay nada al descubierto. / Reconozco verdes, azules, amarillos / y los sonidos que estimulan los oídos».

Quien la lea no podrá quedarse con la lectura inicial, porque será inevitable que mientras la haga se sucedan muchas otras a la vez. La música ha sido una constante en la vida de la autora, que ha explorado desde diferentes frentes (académicos, existenciales...), y de ello queda un eco natural. Incluso en un poema determinado dialoga con un tema de Bunbury, detalle que ilustra esta narratología de la música en su vida que impregna inevitablemente su universo vivencial. Los poemas parten de una intuición y una deriva que acaban siendo un engarce hacia otro poema y otra deriva. Esta confluencia la vamos viendo de forma transversal: «Aún espero / que todo sea más simple e innato». Encontramos una poética sedimentaria y diferentes capas de sentido.

La poesía que nos disponemos a leer ocupa, entonces, un lugar de conciencia privilegiado en la intimidad y el pensamiento, unificando las esferas de conocimiento, emoción y revelación en auge; nos invita desde aquí a entrar en su núcleo y visitar (narrar) nuestro propio *insight*.

Cleofé Campuzano Marco,
octubre de 2025

Meprologo

A falta de intelectualidad y florituras
aparecen sin clasismo y clasicismo
unas pocas metáforas y símbolos
que componen un relato simple pero profundo.
Surgen las palabras del impulso
claras, directas y sin remilgos
de vivencias que impactan en los abismos
en estas letras que ahora te confío.

El lugar del que partimos
mientras dormíamos

Despersonalizadas,
despojadas de subjetividad y deseo,
convertidas en objetos imaginados
y sostenidas como cuerpos dentro de un sueño.
Construidas para regalar y explotar manos
con bocas selladas y ojos ciegos.
Manipuladas para abrazar encierros de mente,
carentes de aire y que dejan ausente.

Todo esto estaba pasando
mientras yacíamos ajenas a aquello tan evidente.

EL MALTRATO NO ES VELADO, AUNQUE SEA NORMALIZADO

Durante todos estos siglos, las mujeres han sido espejos dotados del mágico y delicioso poder de reflejar una silueta del hombre de tamaño doble del natural.

VIRGINIA WOOLF

Crees que merezco ejemplar castigo
por no ser como tú has sido.
Cada paso que no doy es reprobado,
cada acto que defiendo, rechazado.
En el infantil camino de no ser *hierba-buena*
se imponen señalamiento y aislamiento,
prevenir siempre a los ajenos
de que solo por ser, yerro.

Ante el evidente rechazo
solo quedan tres posibles respuestas:
hacerme pequeña en el rincón de los insectos,
adaptarme a tus exigencias y dejar de ser esencia
o llenarme de rabia para responderte con la más absoluta de las violencias.

Conviven y surgen las tres al tiempo
tanto con justos como con violentos,
y en este juego en el que siempre perdemos,
cambiar las creencias del destino será el gran reto,
dejar los tres posibles en el polvo del infierno
y despegarme de todo lo que me has hecho
desde que surgí del vientre materno.

Del clásico joven amor romántico
y tu piel en la yema de mis dedos

I

Siento el fuego por toda tu piel,
hay una capa húmeda que hace que las partes de tu cuerpo resbalen.
Dame un beso.
En la oscura noche estrellada
solo la luz de emergencia perfila los cuerpos.
No hay sábanas ni almohadas que amortigüen la voz,
nada interrumpe el momento,
tu piel en la yema de mis dedos y,
solos tú y yo, gritando en medio del silencio.

II

Una cara nueva se ofrece
para hacer sentir lo primigenio.
Resurge lo que creía perdido
y el vacío que pensé merecido, ahora va lleno.
Pero es demasiado para las reglas de alrededor
y este amor decide no saltar hasta lo eterno.

Un ser efímero.
Recobrar el aliento tras la marcha es un esfuerzo.
Un adiós
un río de lágrimas
una necesidad
su cuerpo y su alma.

Porque amar es un arte

Qué difícil amar cuando no has sido amada.
Querer descubrirse y compartirse en lugar de completarse.
Querer aceptarse sin expectativas, ni pasados ni futuros...
Quien sepa de este arte, que llame a mi puerta esta tarde.

Naturaleza (muerta)

[...] porque regreso de la muerte y tengo
el terror del vacío de que vengo.

Juana de Ibarbourou

Observo la naturaleza para escribirle una letra
y no conecto ni con mar ni montaña ni pradera.
La mirada está ligada adentro,
afuera no hay nada al descubierto.
Reconozco verdes, azules, amarillos
y los sonidos que estimulan los oídos.
Puedo sentir todo aquello que observo y aprecio
aunque no sea capaz de componerle ni un solo verso.

La confusión de dos deseos

Ella estaba allí
al otro lado de la escena
viviendo amargamente
los sueños de la otra.

KATHARSIS I: LA VIOLENCIA DEL SILENCIO

Sencillamente esto ha ocurrido así:
ha desaparecido la llave de este buzón
y la carta no brotó.

LIMITANTE PRESENCIA

Y no deja de perseguirme esa presencia,
la imagen en la mente, la palabra en los martillos,
los dedos en escondrijos y los labios en todos los míos.

No deja de perseguirme esa presencia recurrente
que se obsesiona conmigo,
que me limita y me inmoviliza, me acompaña y me motiva.

Que no deja de perseguirme y no da tregua,
esa presencia que tanto me ignora
y que, cuanto más se ausenta, más se anuda a mi cabeza.

IMAGINO

Otro día con el dolor del tiempo.
CLEOFÉ CAMPUZANO MARCO

Cada cierto tiempo vuelvo a inventarte,
escuchamos la música con las almas descalzadas,
observamos en silencio el vaivén de las miradas
y alimentamos la burbuja que encierra nuestras brasas.

Cada cierto tiempo vuelvo a inventarte
y se muestra como posible esa vida alucinada,
los límites se desvanecen y los cuerpos atraviesan las paredes,
y crecen como ramas las escenas encadenadas.

Cada cierto tiempo vuelvo a inventarte,
y después de eso,
solo me queda volver a olvidarte.

Aún espero

Porque sé que los sueños se corrompen,
he dejado los sueños.

Luis García Montero

Aún espero
que ese sueño se revele como posible,
aprovechar la única vida que tenemos disponible,
ser alguien, y nunca más algo,
y que la violencia se disuelva
hasta ser una horrible anécdota.

Aún espero
que las palabras surjan del entendimiento y el respeto,
ver al amor en medio de un baile de recíprocos sujetos,
que este miedo deje su gobierno
y que la reparación llegue
como la existencia de lo eterno.

Aún espero
que todo sea más simple e innato,
que lanzarse sea lo necesario,
que dejes de convencerte de lo contrario
y no vuelvas a esconderte
huyendo cobarde hacia lo rutinario.

Aún espero
aprender a olvidar tan rápido como tú lo has hecho,
borrar existencias hasta convertirlas en nonatas,
que importes tan poco como yo le importo a tu alma
y que un huracán lo lance todo por el borde de mi cama.

ESOS QUE VAN POR DELANTE

Esos que van por delante
por delante de la carne
de la carne y el alma
que miran al frente porque creen que pueden.
Esos que van por delante
que miramos desde atrás
porque aprendimos a así mirar.
Esos que pongo delante
que creo elegir ponerlos ahí
y que nunca dejaré de mirar mientras marchito un pesar.
Esos siempre pedirán más
pedirán que me abandone y que abandone a los demás.

Esos.

Esos nunca echarán la vista atrás.

KATHARSIS 2: MANIPULACIÓN

Mientras te tocas la piel
dices que quieres verme cuando bailo desnuda,
y luego nada, yo imagino.

LE PREGUNTO

¿Qué quieres?
El inmediato placer.

¿Por qué vienes?
Me arrastra la entraña.

¿Cuándo mientes?
Siempre que el miedo me alcanza.

¿Dónde sientes?
En la superficie de lo esencial.

¿A dónde vas?
Donde sea fácil.

¿Quién eres?
El que gobierna la soledad.

TODO LO QUE ME HAS DICHO

Queda escrito que han llegado a mis oídos
las palabras no dichas.

Doy fe de haber escuchado en los silencios
las palabras escondidas.

Han rondado por mi espalda
las palabras inventadas.

Y han gritado en las entrañas
las palabras silenciadas.

En un no sé qué ni para qué

Mienten tus palabras
que inventan nombres para ocultar todo lo que escondes.
Las escucho y no las creo,
pero callo
porque cuesta entender tan impostada existencia.

Dices hacer agasajos reales, profundos,
y desde lejos solo veo superficies de olvidados minutos.
Me sigues la corriente
para mantenerme en un no sé qué ni para qué,
sostenida en el vacío de nada; pero entonces, veo,
y sin ti, vuelvo a nacer.

KATHARSIS 3: SOLO TU DESEO

La perfección que me exiges es imposible,
recordar que soy inerte objeto
que solo existe cuando tu cuerpo pide.

IRRECONOCIBLES

Ya no puedo encontrarte
allí en esa distancia, precisa con su nombre,
donde estabas ausente.

PEDRO SALINAS

Hoy me he despertado y he visto que algo ha cambiado.
No sé qué es lo que ha pasado porque mi piel no se había ni percatado,
pero una burbuja ha explotado y nosotros nos hemos escapado.

De repente, ya no estábamos del mismo lado y no he sabido ni explicarlo.
Como si nos fueran ajenas han salido disparadas al cielo esas hiedras,
y he buscado en el agujero de raíces
                        [para observar si es verdad todo lo que dices.

Ahí yo no encuentro nada más que vacíos y silencios,
una oscuridad de luciérnagas confusas entre las estrellas,
algo muerto y dos latidos petrificados al momento.

Ya no somos,
y dudo de si fuimos o seremos.

PEQUEÑOS VERSOS AL DEDO PEQUEÑO DE MI PIE DERECHO

Tengo un cuerpo que dura un segundo.
Un segundo desperdiciado.
¿Quién cuidará de este trozo tan pequeño,
que también necesita amor y ahora vive quebrado?

ME PREGUNTO SI EXISTE EL ERROR

Dime dónde está el error, si es uno o es suma.
Dime dónde el hilo se enredó
porque no encuentro el principio de esta confusión.
Seguí dando puntadas acompasadas, y sabías que este traje se transformaba,
pero mientras cosía la existencia
parece que fui hilvanando diferencias.
Sin darme ni cuenta me salí de la línea recta
y esta máquina que son manos y corazón
ya no encaja en el impuesto patrón.
Tal vez ese fue el error,
ser, sin miedo a tu razón,
decidir que no solo tú protagonizas la canción
y que mi cuerpo también desea *con-pasión*.

Negaré que inventé

Negaré que inventé la historia que ha ocupado más de la mitad
de la vida de este planeta,
aunque me escondas y amordaces gritaré estas palabras que saben
y ven más allá de las estrellas,
aunque me alejes y maltrates no cederé ante la duda manipulativa
de las ancestrales cavernas.
Negaré con todas mis fuerzas que inventé que me deseaste
(porque así lo dijiste y afirmaste),
y que me llevaste al límite para que saltase mientras mirabas de reojo tu agarre.
Sabrán que engañaste y podrán dibujar la sonrisa del payaso
que parece que siempre complace,
los lamentos del *pobre-de-mí* no volverán a ser anzuelo ni a encadenarme.
Esté o no equivocada,
seguiré negando que inventé nada, que fui exagerada o loca embrujada.

SINSENTIDO DE UN CAMBIO IMPOSIBLE

Ahora que ando con un solo pie
duermen los días en el sofá
y todo parece más real
con el olor a rancia flor y el sabor del pasado moscatel.
Observo todas estas dependencias
construidas de nefastas ideologías
y hago mía la mercancía
que acumula material y emocional soberanía.
Organizo tiempos y momentos
que parecen de un vivir intenso
y me escucho tal como marca la norma,
con la coherencia de toda mi lógica.

Me he asomado a la ventana
y solo he visto unas máquinas
que me llevan a la pregunta necesaria
de si no es más absurda la vida que la mísera locura.
En este vivir disociados
creyendo que es la realidad lo soñado
escucho voces repetidas
acompañadas de decoraciones variopintas.
Cuando vuelva a tener los dos pies
subiré la calle de las nuevas miradas
con el pelo alborotado y el olor a rancio
para seguir viviendo justo como lo venía fingiendo.

¡Qué cosa tan extraña
esa de pensarse momentánea!

KATHARSIS 4: LA FALSA AMISTAD

Ya no hay casi nadie.
Vienen no por mí, sino por ellos.
Solo hay que esperar morir.

La devolución de la raíz

Nada más llegar el mar me dijo:
—No pierdas más el tiempo
y arroja esos pensamientos.

Dejé a las personas que cuelgan del sufrimiento
balanceando esperanzas
con las palabras que prometo.

Escribí todo aquello que no entiendo
y vi la letra manipulada,
pero ahora del derecho.

Lancé la rabia del engaño
para hundir a ese amor romántico en el antídoto salado,
(aunque sigue asomando desde el otro lado).

Sentí la piel en la yema de mis dedos,
pero ahora era la de mi cuerpo
que yacía cubierto de olas de envejecimiento.

Me resbalaron errores y fracasos
y acepté la única opción que se me ha dado.

Y de repente, escuché dos voces.
Y el mar y yo bailamos en la noche.

Reniego

Aléjate un tiempo
verás realidad, quién hay.
El resto, utilitario.
Una divertida mentira
una alucinación controlada
el camino de la soledad.

Verás.

El ser convertido en objeto
y el sujeto, en usar y tirar.
Superficiales vomitivos
estampas obscenas.
Los cuerpos rigiendo
las almas bajo tierra.

Repulsivo, agitado, corrupto.

Reniego.

INTERLUDIO: PUEDO VERTE

Todo lo que huele a mujer que no piensa como tú *(quieres)*, te descubre.

Por las grietas se va colando la luz

> *Ha venido un extraño espesor*
> *con cansancio de años.*
>
> Cleofé Campuzano Marco

Han bastado cinco años para decir basta
y pronunciar en voz alta
las palabras escritas que escondí.

DE AQUELLOS LODOS, ESTAS FLORES

He cerrado esa puerta
y han volado mil abejas.
Cada picotazo una palabra,
y aunque no digas mi nombre,
en mí viven civilizaciones.

De aquellos lodos, estas flores
que brotan de entrañas a piel,
y en lo cotidiano de la vida se entiende que,
aunque el juego es consciente,
va mutando y ya no (me) apetece.

Porque ya estábamos a otra cosa

Se nos olvidó pedir perdón y apostar por redimirnos de la incorrección.
Se nos olvidó mirar hacia el otro lado
para que la redención no invadiera solo el ego del que se cree dañado.

Varados y limitados por neuronas,
                              [estos barcos han anclado en dispares costados.
Pero hay anclajes que no sujetan,
sino que sumergen en autoengaños hasta a los más ermitaños.

En el mar ilimitado se han perdido las letras de las ceremonias de dos profetas.
Y desde la proa, los imaginados narradores, confidentes y poetas
despiden su actuación sin la ovación de las audiencias.

Solo por eso, porque ya estábamos a otra cosa y se nos olvidó pedir perdón.

Y aun habiendo reflexionado y siendo consciente de esta situación,
es curioso observarme sin por ello evocar alguna emoción.

DEL VIVIR *CONTRA-NATURA*

En este vivir *contra-natura,*
un espacio queda opaco, convertido en inerte pecho,
y a este cuerpo hambriento de sueños,
lo obligan al hueco de cuatro brazos que lo tenían bien sujeto.

Mientras van y vienen esas manos,
sostengo los pedazos de momentos
tejiendo un nudo que es garganta
de la que cuelgan unos minutos menos.

Y la diosa Tempestas ruge en mares de ojos gris rocoso,
construyendo un templo agridulce
protector del desaliento y del mal tiempo.

En este vivir *contra-natura*
hago solo eso,
vivir como puedo.

ANCESTRAL MIEDO IMPUESTO

Tienes miedo a la soledad
cuando observas tu autoestima
con los ojos de los demás.

Reiterada pereza

Sentada en una silla
en medio de una plaza, en el bar, en la esquina de esa calle
                                        [o en la orilla del mar,
la gente pasa y viene, sin saber adónde irán.
Veo cómo se mueven al andar,
cada cuerpo un universo,
una creencia de posesión de la verdad.
Hay quienes se creen *todo-poderosos* y pueden ser hasta peligrosos.
Los hay de incrédulos, de prepotentes y de egocéntricos,
también de psicópatas, de irresponsables y de maquiavélicos.
Veo a los ingenuos, a los vergonzosos y a los bondadosos
mientras pasa algún gracioso, un intelectual y un misterioso.
Los hay de más y de todo un poco,
hasta de los que aún no se han dado ni cuenta
de que ellos también tienen tetas.
Mi silencio me desrealiza
y permanezco espectadora de un lugar
                                [al que nunca llego a pertenecer del todo,
al que cada vez le tengo más pereza y prefiero contemplar desde afuera,
ya sea en la plaza,
en la calle,
en el bar,
o en la playa de cualquier ciudad.

INTROSPECTA ORILLA DEL MAR

Sentada en esta orilla puedo contemplar a la mujer en brote,
la que cree que su piel es eterna,
¡maravillosa ignorancia!
A la mujer con flores,
la que vive en dos caminos,
el abnegado y el que ruge libre por dentro.
A la mujer solitaria,
la que se siente más acompañada
que las que viven situadas.
Y a la mujer que soy
contemplando cómo han ido pasado todas estas en procesión.

VOLVER A MÍ EN TRES ACTOS

¡Qué esfuerzo!
¡Qué esfuerzo del caballo por ser perro!
FEDERICO GARCÍA LORCA

I

Recuerdo la opresión que marcaba mi ropa,
los aros del sostén clavándose, el *palabra-de-honor* bajándose,
y yo, con la imposibilidad de poder espatarrarme.
Pero a esa fiesta a la que iba a ir a bailar,
sí o sí, todo mi potencial físico iba a triunfar.
Daban igual los incomodos y las contracturas,
mientras la mirada de ese hombre validara la forma de mi envoltura.

Aunque el tiempo envejeció sin condición
y un pellizco en el pecho me lo arrugó.
Ese día, un sueño me mostró
la vida perdida en creer que en el cuerpo estaba mi valor.
Recordé todos los retos conseguidos
que no dependían de si tenía o no una mancha al lado del ombligo,
pero también recordé los sueños no cumplidos
porque había aprendido que para esta mente no eran merecidos.

II

Volver a mí y desarraigar creencias,
desarmar roles y estereotipos que se esperan,
impuestos o autoimpuestos, se dificultan con la culpa que se presentan.
Vaya a corriente o contracorriente, siempre acompaña la gratuita violencia,
explícita o velada, impactan los *para-siempre* armados con invasora fuerza.
Ser la *buena-madre*, la *con-cuidado*, la *bella-durmiente*, la *siempre-perfecta*...

Parecía que volver a mí entrañaba dificultades personales y sociales,
hasta el día en que decidí que mi coño hiciera presencia.

III

Me dijeron que debía complacer, que no me podía enfadar,
que calladita estaba más guapa y *que no se hable más*.
Qué suerte ser consciente de este embuste radical
que me ataba a un presente que no sabía ni cómo aliviar.
Y aceptar que no soy como quieres, es cierto, me ha llevado una eternidad.
Pero ahora no me importa lo que piensas cuando miras mi soledad,
esa que me llena de pura existencia y genuina felicidad.

LAS NORMAS DE LA POESÍA

Voy a saltarme las normas,
las normas de la métrica y el ritmo
y brotarán de mi voz los sonidos
que crearán las circunstancias de estos abismos.
Pausaré las fiestas y júbilos
para acentuar una vida de compases atrevidos.
Crearé imágenes y metáforas
que inventen sentimientos de verdades profundas
de una vida según mis estructuras.
Me rodearé de símbolos, personales y compartidos,
que me liberen del aburrimiento del día repetido.
Mi actitud dará un tono de vida poética
y en el lenguaje claro y directo
hallaré mis virtudes y defectos.
Algunos días asonante y otros consonante,
romperé la estructura coherente,
porque no siempre quiero ser correcta
mientras recito los versos de estos poemas.

BAILANDO SOLA UN ORGASMO

Ha llegado hasta el último rincón
la corriente eléctrica que provoca esta flor,
mente y ojos de nubes son
y estos dedos que no gobierna la razón.

No sé si es la respiración o el corazón
quien acompasa esta canción,
pero bajo y me detengo en los sentidos
toco, lamo, huelo, y el gemido.

Tras el polen del tiempo eterno
se han derretido todos los pistilos,
y construyo formas de remolino
arrasando con los cuerpos del camino.

Vida

Solo hay una
y no soporto desperdiciarla.
Solo hay una
y no tolero que esté gobernada.
Solo hay una
y ya no consiento insultarla.
Solo hay una
y voy a bailarla.

Solo hay una
y no pienso quebrarla.
Solo hay una
y no quedan más capas.
Solo hay una
y contiene tres almas.
Solo hay una
y va siempre descalza.

KATHARSIS 5: ELLAS

Ellas son bastón que mutó en raíz
y anclando en tierra libre
han nutrido hasta hacer brotar un nido.

HABLA UNA PLANTA

Soy yo misma otra vez. No hay cabos sueltos.

SYLVIA PLATH

Soy raíz que emerge de la tierra húmeda y seca
que alimenta y deja hambrienta
que da vida y muerte eterna.

Soy aire que flota en el espacio
que tiñe de colores cambiantes
de luces y sombras, de amores y contradicciones.

De mi vientre nacen flores
dos eternas, que agitan las entrañas
y en el asombro, devuelven al arrullo de mi ansiada calma.

No sé qué es lo que tienes

A Oriol y Ariadna

No sé si es la sonrisa o la mirada la que me atrapa congelada.
Se paraliza el instante y revienta el pulso del impulso,
de ese impulso de intentar fusionarme contigo.

Se sostienen tres almas en marañas de hilada calma,
se miran, en silencio o en estruendo, más allá de cualquier resueno,
y lo que parecía vacío e imperfecto, acaba rebosando más completo.

He oído unas suaves palabras
pronunciadas con sonrisas cantadas,
y otra vez, el hueco completado.

No sé qué es lo que tienes
pero me liberas de añejas raíces
que intentan descifrar tantos misterios escondidos.

Merecido o no ya no es lo importante,
crear contigo la vida, cada día, con la novedad de los instantes
es la mayor aventura de esta parlante.

Todo seguirá mientras nadie permanece

Durante un tiempo, y no más, podrán decir que es aquí donde estuvimos.
Hasta lo poco que tuvo sentido
se olvidará entre las generaciones del destino.
Se enredarán palabras y caminos
y cada historia se interpretará como se haya decidido.
Se observará con claridad a los testigos
y otra página arderá al finalizar el rito.
Creerán saber lo que hemos sido
aunque no tengan ni idea de lo sentido.
Estemos o no, allí los rayos seguirán cayendo sobre el camino
y aquí la luna seguirá saliendo, iluminando el río.

2020

Nada es definitivo en mi vida, ¡qué suerte tengo!

Ni mis pensamientos ni mis sentimientos,
ni mis posiciones, ni mis decisiones,
ni con quien voy, ni con quien vuelvo,
ni uno solo de los momentos, ¡qué suerte tengo!

Nada es solo para mí.
Nada es siempre para mí.
Nada es definitivo.

¡Qué suerte tengo!

Hay en mí una soledad

Hay en mí una deseada y disfrutada soledad
que me permite elegir cuándo y con quién estar
las reglas a mi modo encontrar
y compartirme con mi ego y nadie más.

Hay algo mágico en saberse sola y sentirse acompañada
aprender a escoger más exigente, como una se merece
que no cualquiera pueda entrar en el templo de mi mente
y que estar con alguien se disfrute más profundamente.

Sí, saberse sola hace fuerte
desaparece la necesidad de ser validada y dependiente
de venderte al primer *im-postor* que se presente
y sentir el amor respetuoso interno, ahora sí, *para-siempre*.

KATHARSIS 6: RENACER

Aunque soy abeja con punzón
hoy tuve la experiencia de ser vegetal
y una radical metamorfosis confluyó.

En el paso de las entrañas a la piel se vislumbra lo que es desecho y lo que importa

(Mientras converso sobre Los términos de mi rendición
con Bunbury y Eduardo Cruz)

Andaba recostada cuando vi la noche lunada
y, desde aquí, por fin parece que ya no me pierdo nada.

MEPÍLOGO

Han convergido tristeza, rabia y esperanza
para narrar este lado de las vivencias.
Y ahora llega ese momento,
el de dejar atrás estas letras
y abrir una nueva presencia.
Imprimir las avispas de esta cabeza
sin remover las confesas certezas,
dejar caer lo sostenido
para despedirme hasta el olvido,
y preguntarme si ya estoy preparada
para convertirme en otro tipo de poeta.

ÍNDICE